Amharic Alphabets
Learn Amharic Ethiopian Language

Amharic Alphabet and Picture Book with English Translations
አማርኛ ፊደላት

This is a beautiful book for children of ages 4+ to learn Amharic Alphabets (**Ethiopian Language**).

A perfect Amharic Alphabet and Picture Book with English Translations.

The book details each alphabet, the English phonetics, the commonly used word in Amharic, its associated English word for easy understanding and reference with pictures.

- ➢ Picture book details all 33 Amharic letters with its 7 forms accompanied with a picture that describes the first words/sight words for respective alphabet and amble space to practice letter tracing and writing.
- ➢ 136 Black and White pages, providing amble space for kids to practice letter tracing
- ➢ The book features total **4 pages per alphabet** providing amble space for practice.
- ➢ Premium color cover design
- ➢ Printed on high quality perfectly sized pages at 8.5x11 inches Black and White pages
- ➢ A Perfect Bilingual Early Learning & Easy Teaching Amharic Books for Kids

Amharic Alphabets/Letters
አማርኛ ፊደላት

ሀ	ለ	ሐ	መ	ሠ
ረ	ሰ	ሸ	ቀ	በ
ተ	ቸ	ነ	ነ	ኘ
አ	ከ	ኸ	ወ	ዐ
ዘ	ዠ	የ	ደ	ጀ
ገ	ጠ	ጨ	ጰ	ጸ
ፀ	ፈ	ፐ		

ሀ

ha

ዘሆን

zihoni

[Elephant]

ሀ	ሁ	ሂ	ሃ	ሄ	ህ	ሆ
ha	hu	hi	ha	he	h(ə)	ho

le

ለም

lami

[Cow]

ለ	ሉ	ሊ	ላ	ሌ	ል	ሎ
le	lu	li	la	le	l(ə)	lo

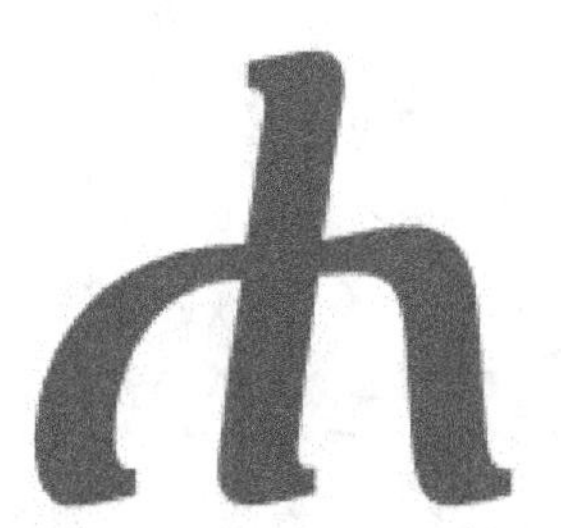

Ha

የሐር ትል

yeh̲āri tili

[Silk Worm]

ሐ	ሑ	ሒ	ሓ	ሔ	ሕ	ሖ
ha	hu	hi	ha	he	h(ə)	ho

me

ሚዳቆ

Midaqo

[Deer]

መ	ሙ	ሚ	ማ	ሜ	ም	ሞ
mo	mu	mi	ma	me	m(ə)	mo

ⱳ

se

ⱳ	ⱳ·	ⱳ̣	ⱳ̧	ⱳ̧	ⱳ	ⱳ
se	su	si	sa	se	s(ə)	so

ሬ

re

ርግብ

rigibi

[Dove]

ሬ	ሩ	ሪ	ራ	ሬ	ር	ሮ
re	ru	ri	ra	re	r(ə)	ro

ሰ

Se

ሰጎን

segoni

[Ostrich]

ሰ	ሱ	ሲ	ሳ	ሴ	ስ	ሶ
se	su	si	sa	se	s(ə)	so

ሰ ሰ ሰ ሰ ሰ ሰ ሰ

ሸ

she

ሸረሪት

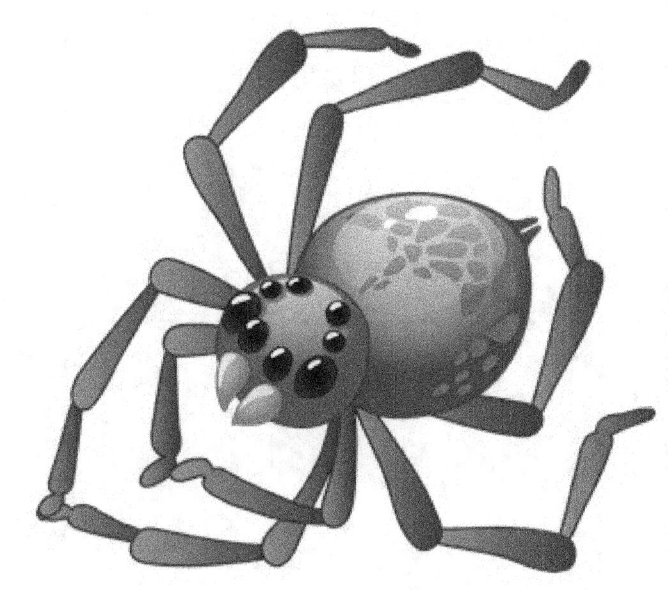

shererīti

[Spider]

ሸ	ሹ	ሺ	ሻ	ሼ	ሽ	ሾ
she	shu	shi	sha	she	sh(ə)	sho

ф

qe

ፆፎ፟ኜ

k'ech'inē

[Giraffe]

ф	ፉ	ፊ	ፊ	ፌ	ፍ	ፎ
ke	ku	ki	ka	ke	k(ə)	ko

በ

be

በጎች

begochi

[Sheep]

በ	ቡ	ቢ	ባ	ቤ	ብ	ቦ
be	bu	bi	ba	be	b(ə)	bo

ተ

te

ተሪቢ

teribi

[Wasp]

ተ	ቱ	ቲ	ታ	ቴ	ት	ቶ
te	tu	ti	ta	te	t(ə)	to

ቸ

che

ጥንቸል

t'inicheli

[Rabbit]

ቸ	ቹ	ቺ	ቻ	ቼ	ች	ቾ
che	chu	chi	cha	che	ch(ə)	cho

kHa

ነ	ኑ	ኒ	ና	ኔ	ን	ኖ
Ha	Hu	Hi	Ha	He	H(ə)	Ho

ነ

ne

ነብር

nebiri

[Tiger]

ነ	ኑ	ኒ	ና	ኔ	ን	ኖ
ne	nu	ni	na	ne	n(ə)	no

ኝ

gne

ትንኝ

tinigne

[Fruit fly]

ኝ	ኙ	ኚ	ኛ	ኜ	ኝ	ኞ
gne	gnu	gni	gna	gne	gn(ə)	gno

አ

A

አንበሳ

ānibesa

[Lion]

አ	ኡ	ኢ	ኣ	ኤ	እ	ኦ
a	u	i	a	e	i	o

ህ

ke

ህርሕርⶮ

kerikero

[Warthog]

ህ	ሁ	ሒ	ሃ	ሔ	ህ	ሆ
ke	ku	ki	ka	ke	k(ə)	ko

h h h h h h h

ኸ

He

ኸ	ኹ	ኺ	ኻ	ኼ	ኽ	ኾ
He	Hu	Hi	Ha	He	H(ə)	Ho

we

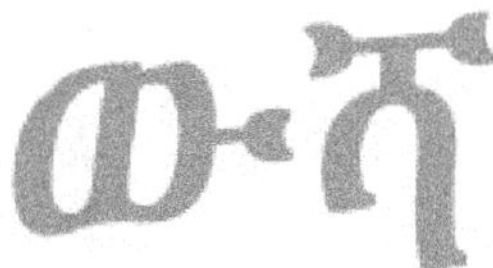

wisha

[Dog]

ወ	ዉ	ዊ	ዋ	ዌ	ው	ዎ
we	wu	wi	wa	we	w(ə)	wo

0

A

ዓሳ

ʻasa

[Fish]

0	0·	ዒ	ዓ	ዔ	ዕ	ዖ
A	U	I	A	E	I(ə)	O

Ⴈ

ze

ዝንጀሮ

zinijero

[Baboon]

Ⴈ	Ⴑ	Ⴈ.	Ⴈ	Ⴈ	Ⴈ	Ⴈ
ze	zu	zi	za	ze	z(ə)	zo

ዠ

zhe

መዥገር

mezhigeri

[Tick]

ዠ	ዡ	ዢ	ዣ	ዤ	ዥ	ዦ
zhe	zhu	zhi	zha	zhe	zh(ə)	zho

የ

ye

የሜዳ አህያ

yemēda āhiya

[Zebra]

የ	ዩ	ዪ	ያ	ዬ	ይ	ዮ
ye	yu	yi	ya	ye	y(ə)	yo

ይ

de

ድመት

dimeti

[Cat]

ይ	ዩ	ዪ	ያ	ዮ	ይ	ዮ
de	du	di	da	de	d(ə)	do

ꞔ

je

ꞔꞔꞔ

jibi

[Hyena]

je	ju	ji	ja	je	j	jo

ገ

ge

ግመል

gimeli

[Camel]

ገ	ጉ	ጊ	ጋ	ጌ	ግ	ጎ
ge	gu	gi	ga	ge	g(ə)	go

Toto

[Monkey]

ጠ	ጡ	ጢ	ጣ	ጤ	ጥ	ጦ
Te	Tu	Ti	Ta	Ta	T(ə)	To

Che

ঙঙঁ

ch'ach'uti

[Chick]

ঙঙ	ঙঙঃ	ঙঙ	ঙঙ	ঙঙ	ঙঙ	ঙঙ
Che	Chu	Chi	Cha	Che	Ch(ə)	Cho

ፎ

P'

ፔሊካን

pēlīkani

[Pelican]

ፔ	ፑ	ፒ	ፓ	ፕ	ፐ	ፖ
Pe	Pu	Pi	Pa	PSE	P(ə)	PO

ጸ

Ts'
e

ጸ	ጹ	ጺ	ጻ	ጼ	ጽ	ጾ
Ts'e	Ts'u	Ts'i	Ts'a	Ts'e	Ts	Ts'o

θ

Tz’
e

θ	ፀ	ፂ	ፃ	ፄ	ፅ	ፆ
Tz'e	Tz'u	Tz'i	Tz'a	Tz'e	Tz	Tz'o

ፈ

f

fiyeli

[Goat]

ፈ	ፉ	ፊ	ፋ	ፌ	ፍ	ፎ
Fe	Fu	Fi	Fa	Fe	F	Fo

Ꮅ

p'
e

Ꮅ	Ꮑ	Ꮓ	Ꮤ	Ꮗ	Ꮏ	Ꮧ
p'e	p'u	p'i	p'a	p'e	p'	p'o

Amharic Alphabets/Letters

አማርኛ ፈደላት

ሀ	ለ	ሐ	መ	ሠ
ረ	ሰ	ሸ	ቀ	በ
ተ	ቸ	ኀ	ነ	ኘ
አ	ከ	ኸ	ወ	ዐ
ዘ	ዠ	የ	ደ	ጀ
ገ	ጠ	ጨ	ጰ	ጸ
ፀ	ፈ	ፐ		

www.ingramcontent.com/pod-product-compliance
Lightning Source LLC
Chambersburg PA
CBHW081341160726
48000CB00010B/3193